Sur une plaie pénétrante de poitrine.

Atrophie du testicule.

De quelques affections syphilitiques.

Compte rendu des maladies observées en Grèce en 1828.

Relation chirurgicale de la 1.ere expédition contre Constantine (Afrique) sous le Maréchal Clauzel.

Notes sur le résultat de la congélation des membres, pendant la 1.ere expédition contre Constantine en 1836.

Ligature du tronc brachio-céphalique.

Sur les eaux thermo-minérales d'Oran (Afrique).

Sur l'acclimatement des enfants Européens en Algérie.

Mémoire sur les maladies de Bône (Afrique) en 1833.

Observation d'une Hypertrophie considérable du nez.

Ablation du menton par un coup de boulet.

Mémoire sur la nécessité d'extraire immédiatement les corps étrangers et les esquilles, dont la présence complique les plaies par armes à feu, (Inséré dans les mémoires de l'Académie de Médecine).

Fragments historiques et médicaux sur l'Hôtel des Invalides.

Plaie du Sinus longitudinal supérieur de la dure mère.

Recherches anatomo-pathologiques sur les causes des douleurs que les amputés des membres éprouvent dans leurs moignons.

Recherches sur les résultats définitifs des traitements employés pour la Cure radicale de l'Hydrocèle vaginale.

Statistique des Hernies à l'Hôtel Impérial des Invalides en 1852.

Recherches sur les tatouages.

JOINVILLE IMP. DE VICTOR LAURENT.

RECHERCHES

SUR LES

TATOUAGES,

PAR M. F. HUTIN,

Docteur en médecine de la Faculté de Paris; Officier de la Légion d'honneur; Médecin principal de 1.ere classe, Chef du service médico-chirurgical de l'Hôtel des Invalides; ex-Chirurgien en chef du corps d'armée dirigé contre Constantine, en 1836; ancien Chirurgien en chef des hôpitaux militaires de Bône, Constantine, Oran, (Afrique), Port-Mahon (Iles Baléares) et Toulouse; Membre correspondant de l'Académie Impériale des Sciences, Inscriptions et Belles-Lettres de Toulouse; de la Société de médecine, chirurgie et pharmacie de la même ville; de la Société des Sciences, agriculture et arts du Bas-Rhin; de la Société Phrénologique de Paris; des Sociétés de médecine de Lyon et de Marseille.

PARIS,

CHEZ J. B. BAILLIÈRE,

LIBRAIRE DE L'ACADÉMIE IMPÉRIALE DE MÉDECINE,

19, RUE HAUTEFEUILLE.

1853.

RECHERCHES

sur les

TATOUAGES.

———

Le journal *L'Union médicale*, du 16 novembre 1852, contient un article fort intéressant sur un procès criminel qui s'est jugé en Prusse, et dont voici le résumé. Le 10 septembre 1849, on a trouvé, dans les environs de Berlin, le corps d'un homme dont la tête avait été complètement détachée. La tête, retrouvée plus loin, était tellement défigurée, qu'il devint impossible de la reconnaître. Différentes circonstances firent penser que l'individu assassiné était un nommé Ebermann, et que son assassin était un postillon appelé Schall ; mais il n'y avait que des conjectures sur l'un et sur l'autre de ces deux faits.

Des pièces du procès, il résultait que si le cadavre était réellement celui d'Ebermann, Schall était le meurtrier ; et l'innocence ou la culpabilité de ce dernier étaient intimement liées à l'identité du corps du premier. Des témoins déposèrent que de son vivant Ebermann avait, sur l'avant-bras gauche, un cœur et les lettres G. E. tatoués en couleur rouge. D'autres personnes dirent n'avoir pas remarqué ces tatouages, dont au reste ne parlaient nullement les médecins appelés à faire un rapport médico-légal sur l'état du cadavre, avant qu'il fut procédé à son inhumation.

Plusieurs hommes de l'art furent consultés sur la question de savoir si les tatouages existaient ou avaient existé, et si, ayant existé, ils avaient pu disparaître. L'un déclara que les tatouages bien pratiqués ne s'effacent jamais; un autre n'osa pas se prononcer. L'état de putréfaction du corps exhumé empêchait d'ailleurs de rien reconnaître.

Le tribunal recourut aux lumières d'un nouvel expert, et appela M. Casper de Berlin à donner son avis. D'après l'*Union médicale*, la question lui fut ainsi posée : « Des té-
« moins dignes de foi assurent que Ebermann portait au
« bras gauche un tatouage représentant un cœur et des let-
« tres rouges. D'un autre côté, la femme d'Ebermann et
« ses parents disent qu'ils n'ont jamais vu sur lui ces mar-
« ques de tatouage; et dans le signalement que la cour de
« Spandau a fait faire d'Ebermann (alors accusé de vol de-
« vant cette cour), on ne voit pas qu'il soit parlé de ce
« tatouage. Comme de la procédure résulte la conviction
« que le cadavre mutilé était celui d'Ebermann, les rap-
« ports et les déclarations des deux médecins entendus pa-
« raissent erronés. Le tatouage a-t-il donc échappé à leur
« observation ? »

La première question que se fit M. Casper, fut celle-ci : les marques de tatouage sont-elles ineffaçables; ou peuvent-elles disparaître avec le tems? Livré à lui-même, sans au-cuns documents qui pussent l'éclairer, ne trouvant rien à cet égard dans les livres de médecine légale ou autres, M. Casper se rendit à l'hôtel des Invalides de Berlin, où il es-pérait trouver d'anciens militaires tatoués. Il en rencontra effectivement *trente-six* et il examina les parties du corps qui avaient ainsi été marquées dans des tems plus ou moins éloignés. Chez *trois* de ces vieux soldats, le tatouage avait páli : chez *deux*, les marques étaient plus ou moins effacées: chez *quatre*, elles avaient complètement disparu. Partant de ces résultats, M. Casper conclut que sur Ebermann le tatouage avait bien pu s'effacer aussi ; donc, dit-il, les marques de tatouage peuvent disparaître, et ainsi s'évanouissent les doutes relatifs à l'identité de l'individu assassiné.

L'affaire s'est terminée par la condamnation de Schall à la peine de mort.

La question dont il s'agit ne s'était peut être jamais présentée devant les tribunaux ; mais elle est de nature à reparaître un jour. Elle est extrêmement grâve, puisque la condamnation à mort d'un accusé, ou son acquittement, ont déjà pu s'y rattacher. Il importe donc d'éclairer l'opinion publique et la justice à ce sujet.

On croit généralement, et l'on dit souvent, comme l'un des médecins de Berlin, que les traces d'un tatouage bien fait ne s'effacent jamais ; d'autres personnes pensent qu'elles ne disparaissent qu'à la suite d'une suppuration provoquée à l'aide d'un vésicatoire, d'un caustique, etc. Voulant connaître toute la vérité, j'ai fait à l'hôtel Impérial des Invalides de Paris des recherches sur une grande échelle, et je viens donner ici les résultats auxquels je suis arrivé.

Je dirai tout d'abord que ces résultats sont tels, que, sous ce rapport, la conscience de M. Casper et celle de MM. les membres de la cour criminelle de Berlin doivent être parfaitement tranquilles. Je suis heureux de pouvoir leur en donner l'assurance, contrairement aux doutes émis par quelques journaux, sur le degré de certitude de la disparition de tatouages que l'on a pu établir d'après le petit nombre de faits recueillis par le savant statisticien dont la Prusse s'honore à juste titre.

Avant de passer outre, qu'il me soit permis de dire quelques mots du tatouage.

Remontant aux époques les plus éloignées; d'un emploi général chez divers peuples, et surtout chez les moins civilisés; en usage même chez les femmes, qui ne craignent pas, en Algérie par exemple, de se faire stigmatiser le front, les joues, le menton, la poitrine, les bras et les jambes, le tatouage, parmi les soldats Français, semble être un peu moins fréquent aujourd'hui, qu'il l'était à l'époque des guerres de l'Empire. Cependant un reste de mode, que l'inoccupation de la vie de garnison entretient encore, pousse un certain nombre de militaires à imiter en cela leurs devanciers; et il en est qui portent sur diverses parties du corps, même les plus secrètes, les images les plus opposées, et que l'on est tout étonné de trouver les unes à côté des autres. Ainsi des Christs, des Sts Sacrements, des Anges, des Evêques, se dessinent sur les mêmes membres où se voient des sabres, des cœurs enflammés traversés par des flèches, des Syrènes, des pénis ornés d'ailes, des vulves, des femmes et des hommes dans les postures les moins décentes, etc; singulier mélange d'idées lubriques et religieuses, qu'à un certain âge on a pu associer avec irréflexion, dans un moment de débauche et de fanfaronnade, mais dont presque tous nos vieillards ont quelque honte aujourd'hui.

Quel que soit le procédé employé dans différents pays, par les artistes plus ou moins experts auxquels est confié le soin de retracer les images précitées, des serments d'amour et de fidélité, des devises plus ou moins bizarres, des trophées de toute nature, le suivant a été uniformément employé sur les invalides que j'ai visités.

Le dessin que l'on veut représenter est préalablement

tracé avec une plume ou un pinceau, sur la partie à tatouer. Une matière colorante rouge, bleue, ou noire, est délayée dans un vase, sur une palette ou dans une coquille, comme s'il s'agissait de peindre une lithographie. Deux, trois ou quatre aiguilles à coudre sont attachées ensemble, et de front. La peau sur laquelle le dessin a été tracé est tendue aussi régulièrement que possible, et le *tatoueur*, après avoir trempé ses aiguilles dans la solution colorée, les pousse dans l'épaisseur du derme, en suivant les contours de l'image. Les aiguilles ne sont point placées dans le même sens que les lignes, mais en travers de celles-ci; car ce n'est pas pour épargner le tems et la douleur qu'elles sont réunies plusieurs ensemble; c'est pour donner plus de largeur aux lignes, et faire ainsi, pour chaque point, plusieurs piqûres qui le rendent plus apparent.

Les aiguilles sont enfoncées plus ou moins profondément dans le derme, suivant la finesse de la peau, la sensibilité du patient, ou la volonté du graveur qui, à chaque nouvelle ponction, trempe de nouveau son burin dans le liquide coloré, s'il veut agir en conscience. L'opération est terminée quand tout le dessin est ainsi piqué. Au bout d'un quart d'heure, le tatoué lave la partie qui a laissé suinter quelque peu de sang; et ce lavage se fait tantôt avec de l'eau, tantôt avec de l'urine: certains artistes préfèrent que ce soit avec de l'eau-de-vie ou du rhum, dont il reste toujours dans le verre une quantité assez grande pour qu'ils en fassent leur profit.

Quelquefois, par excès de précaution, l'on passe un tampon ou un doigt, imprégnés de la matière colorante, sur les piqûres des tatouages à une seule couleur, pour en faire pénétrer davantage dans la peau. Mais cette mesure est peu nécessaire, et serait d'ailleurs impossible pour des dessins diversément colorés.

On dit que parfois on place une traînée de poudre sur les images simplement piquées, et qu'on y met le feu. Je doute que ce soit exact; car il en résulterait une brulure fort douloureuse, et une suppuration qui entraînerait la matière colorante même. Le résultat d'un tel tatouage serait donc fort compromis. Tous les Invalides auxquels j'ai parlé de ce procédé en ont ri, et m'ont assuré que jamais, à leur connaissance, personne ne s'était soumis à un pareil moyen.

L'inflammation qui succède aux piqûres est presque toujours de peu d'importance, et de courte durée. Chez la plupart des individus, elle disparaît dans les 24 heures; il en est cependant qui n'en sont entièrement délivrés qu'au bout de six ou huit jours. On conçoit que l'irritabilité personnelle, les parties piquées, la profondeur des piqûres, la matière colorante employée, l'espèce du liquide servant au lavage, et le degré de repos accordé au membre, sont autant de causes qui rendent compte de cette différence. Les gouttelettes de sang ou de sérosité qui suintent des petites plaies, forment de légères croûtes qui tombent au bout de quelques jours, et le tatouage reste apparent, à moins que la matière colorante se trouve entraînée par une suppuration réelle, ce qui n'est pas arrivé une seule fois chez nos invalides.

Il ne faut pas croire que cette opération, si simple en apparence, n'expose jamais à des accidents d'un autre genre. La substance servant à peindre les images n'est pas toujours la seule déposée dans le derme; il peut y avoir inoculation d'un virus. Un militaire se fit tatouer à l'hôpital du Val de Grâce, il y a une trentaine d'années, par un vénérien atteint de chancres à la verge et à la bouche. Vierge encore, il était parfaitement sain lui-même. Celui qui le tatouait n'avait plus que quelques piqûres à pratiquer; l'encre de Chine dont il se servait était desséchée dans une coquille. A plusieurs reprises, il la délaya en prenant de sa propre salive au bout de ses aiguilles, et inocula ainsi une syphilis, qui amena de grâves accidents ; au dire du patient, on faillit lui amputer le bras.

Les matières colorantes les plus en usage chez nos militaires, sont : le vermillon, la poudre écrasée, l'encre de Chine et le bleu dont se servent les blanchisseuses, délayé dans de l'eau pure ou dans de la salive. Quelquefois aussi on se sert d'encre à écrire. On verra plus loin que, d'après mes recherches, les tatouages qui restent le plus apparents et le plus nets sont ceux qui ont été faits à l'encre de Chine et au charbon. Ceux qui proviennent du bleu, de l'encre ordinaire, ou de la poudre, pâlissent beaucoup, bien qu'ils ne s'effacent guère complètement. Le vermillon disparait très-souvent en partie avec le tems; quelquefois il s'efface entièrement, et l'on en cherche vainement les traces. C'est ainsi qu'un certain nombre d'hommes ont porté sur les avant-bras des cœurs traversés par des flèches; les flèches noires sont parfaitement visibles à leurs deux extrémités; mais les cœurs, qui étaient rouges, ont disparu, et les traits interrompus n'offrent plus que des tronçons. D'autres avaient des inscriptions moitié noires et moitié rouges; le noir seul persiste. Chez d'autres encore il y avait des images de soldats; on ne voit plus que des bottes, des habits et des chapeaux noirs; le vermillon traçant la tête et les mains n'existe plus. Des femmes étaient gravées présentant un cœur rouge avec des flammes bleues; le cœur a disparu; au-dessus de la main qui le donnait il ne reste plus que les flammes, etc. etc.

En général, quand un militaire n'a des tatouages qu'à un seul bras, il serait naturel de penser qu'il le porte au bras gauche; car malgré le peu de durée de l'inflammation consécutive, il y a nécessairement de la gêne dans le membre, et l'on aime mieux avoir en tout tems le bras droit dispos. Mais c'est pour en faire parade que le soldat se fait tatouer; et quand il fait des armes, il est heureux de relever la manche de sa chemise et de montrer ses dessins. Telle est la raison qu'un grand nombre d'invalides m'ont donnée du motif qui les a portés à livrer à l'artiste le bras droit plutôt que le gauche. Le même motif a été allégué par les gauchers, qui presque tous sont tatoués au bras gauche, bien que certains droitiers le soient également.

Un frottement rude et souvent répété sur les parties tatouées, efface quelquefois en tout ou en partie les images tracées. C'est ainsi que parmi nos vieillards il s'en trouve huit qui attribuent à l'exercice de leurs professions de menuisiers et de maçons la disparition de leurs tatouages. L'habitude de porter sur leurs bras nuds des corps durs, qui parfois déterminent des excoriations, a enlevé des dessins plus ou moins étendus. Deux autres s'en sont volontairement débarrassés, en se faisant repiquer les bras avec des aiguilles trempées dans *du lait de femme*, et en lavant ensuite le tout avec la même substance. Sans aucun doute, ce liquide n'avait pas une vertu différente de beaucoup d'autres; mais c'est une croyance très accréditée que le lait de femme, employé même sans nouvelles piqûres, a la propriété d'enlever les tatouages.

L'application d'un vésicatoire ou d'une pommade stibiée, l'éruption de pustules, une suppuration quelconque, entrainent ordinairement aussi la matière colorante déposée dans le derme; mais il est constant que naturellement, et sans aucun artifice, beaucoup de tatouages, surtout ceux qui sont pratiqués avec un liquide peu épais, disparaissent soit par le fait de l'absorption des substances employées, soit par l'élimination qui se fait au moyen de la transpiration cutanée. Il faut aussi tenir compte de cette circonstance, qu'en pâlissant un tatouage d'abord rouge devient rosé, et se confond bien plus facilement avec la couleur naturelle de la peau, que quand il a été tracé avec du noir.

Après la mort, si l'on racle la peau, ou si l'on coupe une tranche très-mince du derme, de manière à n'enlever qu'une partie de l'épaisseur d'un tatouage resté apparent, on peut toujours retrouver la matière colorante, diffuse dans le tissu dermique, l'extraire souvent avec la pointe d'un scalpel ou d'une aiguille, et la déposer sur une lame de verre ou sur une feuille de papier blanc, en s'aidant pour cela d'une loupe. On peut également en dégager quelques parcelles, en lavant dans un verre d'eau une portion de peau tatouée, et ainsi coupée en tranches. Les moyens que possède la chimie peuvent en certains cas indiquer leur composition.

Sur les 3,000 invalides habitant aujourd'hui l'hôtel, 506 ont déclaré avoir été tatoués. Je sais qu'il en existe un plus grand nombre; mais quelques uns ne se sont pas fait connaître, parcequ'ils ignoraient le but réel de la visite à laquelle cette déclaration devait les amener, et qu'un excès de circonspection les a retenus. D'autres se sont abstenus par un sentiment de pudeur, qui les a empêchés de montrer des images ou des inscriptions peu avouables.

Parmi les 506 hommes que j'ai visités,
141 ont été tatoués avant l'âge de 20 ans,
283 l'ont été de 20 à 25 ans,

39 de 25 à 30 ans.

35 de 30 à 40 ans.

5 de 40 à 50 ans.

1 l'a été à 52 ans.

1   à 62 ans.

1   à 75 ans.

J'en ai trouvé 184 tatoués sur l'avant-bras droit seulement.

93 sur l'avant-bras gauche seulement.

165 sur les deux avant-bras.

5 sur les deux avant-bras et sur un bras.

1 sur les deux avant-bras et sur les deux bras.

23 sur les deux avant-bras et le thorax.

16 sur un avant-bras et le thorax.

1 sur un avant-bras et un bras.

1 sur un avant-bras et un doigt.

9 sur le thorax seulement.

1 sur une cuisse.

1 sur les deux cuisses.

2 sur les avant-bras et les fesses.

1 sur la verge.

3 sur le poignet.

Cent-quatre vingt deux ont été tatoués à une seule couleur ;

Savoir :

78 avec du vermillon,

45 avec de l'encre de Chine,

52 avec de la poudre écrasée,

1 avec du bleu de blanchisseuse,

4 avec de l'encre à écrire,

1 avec du charbon écrasé,

1 avec un noir qu'il ne connaissait pas,

Trois-cent vingt quatre ont été tatoués avec deux couleurs ;
Savoir :

153 avec du vermillon et de l'encre de chine,

127 avec du vermillon et de la poudre écrasée,

1 avec du carmin et de l'encre de chine,

2 avec du vermillon et du charbon écrasé,

7 avec du vermillon et de l'encre à écrire,

5 avec du vermillon et du bleu de blanchisseuse,

21 avec du vermillon et un noir qu'ils ne connaissent pas,

8 avec un rouge et un noir qu'ils ne connaissent pas.

Parmi les 78 tatoués au vermillon seul,

chez 16, le tatouage est resté très apparent,

chez 19, il a pàli, mais il est resté apparent,

chez 19, il a disparu partiellement,

chez 7, il a disparu en grande partie,

chez 6, il a disparu presque complètement,

chez 11, il a disparu en entier.

Chez 6 de ces 11 derniers, on n'en trouve plus de traces. Chez les cinq autres, on voit quelques points blancs provenant des piqûres probablement ulcérées ; mais on ne saurait pas à quoi l'on a à faire, si les militaires ne déclaraient pas avoir été tatoués.

Parmi les 45 tatoués à l'encre de chine seule,

39 tatouages sont très apparents,

4 ont pàli,

2 sont effacés partiellement.

Sur les 52 marqués avec de la poudre seulement, il y en a 32 dont les dessins sont bien apparents,

10 chez lesquels ils ont beaucoup pàli,

10 chez lesquels ils sont effacés partiellement.

Le tatouage au bleu de blanchisseuse est apparent.

Deux des quatre tatouages à l'encre seule sont très apparents ; les deux autres ont beaucoup pâli.

Le dessin tracé au charbon écrasé seul est apparent.

Celui qui a été fait avec du noir inconnu est apparent.

Sur les *cent-cinquante trois* individus tatoués au vermillon et à l'encre de chine on trouve :

Les deux couleurs bien marquées chez 81,

Le rouge pâli et le noir bien marqué chez 26,

Le noir pâli et le rouge bien marqué chez 1,

Le rouge et le noir pâlis chez 5,

Le rouge partiellement effacé et le noir bien marqué chez 20,

Le rouge entièrement effacé et le noir visible chez 16,

Le noir effacé et le rouge visible chez 1,

Le rouge et le noir partiellement effacés chez 3.

Sur les *cent-vingt sept* tatoués avec du vermillon et de la poudre, on trouve :

Les deux couleurs bien marquées chez 42,

Le rouge pâli et le noir très marqué chez 12,

Le noir pâli et le rouge très apparent chez 3,

Le rouge et le noir pâlis chez 18,

Le rouge partiellement effacé et le noir bien marqué chez 28,

Le rouge entièrement effacé et le noir bien marqué chez 14,

Le noir entièrement effacé et le rouge apparent chez 2,

Le rouge et le noir partiellement effacés chez 8,

Sur l'homme tatoué au carmin et à l'encre de chine, les deux couleurs sont apparentes.

Sur les *deux* tatoués avec du vermillon et du charbon écrasé, les deux couleurs sont apparentes.

Sur les *sept* tatoués avec du vermillon et de l'encre à écrire, on trouve:

Le rouge et le noir apparents chez   4,

Le rouge effacé et le noir apparent chez   1,

Le rouge et le noir partiellement effacés chez   2.

Sur les *cinq* tatoués avec du vermillon et du bleu de blanchisseuse, on trouve:

Le rouge et le bleu très pâlis chez   3,

Le rouge partiellement effacé et le bleu marqué chez   2.

Sur les *vingt-un* tatoués avec du vermillon et un noir inconnu, on trouve:

Le rouge et le noir bien apparents chez   13,

Le rouge pâli et le noir bien apparent chez   1,

Le rouge et le noir pâlis chez   1,

Le rouge partiellement effacé et le noir apparent chez   5,

Le rouge et le noir partiellement effacés chez   1.

Sur les *huit* tatoués avec du rouge et du noir également inconnus, on trouve:

Les deux couleurs apparentes chez   1,

Les deux couleurs pâlies chez   1,

Le rouge partiellement effacé et le noir apparent chez   3,

Le rouge entièrement effacé et le noir apparent chez   2,

Le rouge et le noir *presque* entièrement effacés chez 1.

Il résulte de là que sur *trois-cent-vingt-quatre* individus tatoués à deux couleurs, on trouve:

Les deux couleurs bien apparentes chez   144,

2

Les deux couleurs pâlies chez 28,

Le rouge seul pâli et le noir bien marqué chez 39,

Le rouge seul partiellement effacé et le noir bien marqué chez 58,

Le rouge seul entièrement effacé et le noir visible chez 33,

Le noir seul pâli et le rouge bien marqué chez 4,

Le noir seul entièrement effacé et le rouge visible chez 3,

Le rouge et le noir partiellement effacés chez 15.

Et que sur *cent-quatre vingt-deux* tatoués à une seule couleur, on trouve :

	ROUGE.	POUDRE.	ENCRE DE CHINE.	BLEU.	ENCRE A ECRIRE.	CHARBON.	NOIR INCONNU.	TOTAUX.
Bien apparents	16	32	39	1	2	1	1	92
Pâlis	19	10	4	«	2	«	«	35
Partiellement effacés	32	10	2	«	«	«	«	44
Entièrement effacés	11	« «	« «	«	«	«	«	11
TOTAUX :	78	52	45	1	4	1	1	182

182.

Parmi les tatoués au vermillon seul, j'ai trouvé que sur *trente-cinq*, chez lesquèls les dessins sont apparents,

3 sont tatoués depuis 30 ou 35 ans,

4 — depuis 35 à 40 ans,

11 — depuis 40 à 45 ans,

6 — depuis 45 à 50 ans,

7 — depuis 50 à 55 ans,

4 — depuis 55 à 60 ans.

Que sur les *trente deux* hommes chez lesquels les dessins sont partiellement effacés,

1 est tatoué depuis 15 années.

1 — depuis 20,

1 — depuis 30,

1 — depuis 34,

1 — depuis 39,

8 sont tatoués depuis 40 à 45,

12 — depuis 45 à 50,

5 — depuis 50 à 55,

2 — depuis 55 à 60.

Que sur les *onze* chez lesquels les dessins sont complètement effacés,

2 tatouages remontent à 30 années,

2 — id. — à 40,

1 — id. — à 45,

3 — id. — de 45 à 50,

1 — id. — à 54,

2 — id. — de 55 à 60.

Parmi les tatoués à l'encre de chine seule, j'ai trouvé les dessins apparents sur :

1 homme tatoué depuis 6 années,

1 — id. — depuis moins de 20 années,

1 — id. — depuis 23 années,

3 tatoués depuis 30 à 35 ans,

4 — id. — depuis 35 à 40,

10 — id. — depuis 40 à 45,

16 — id. — depuis 45 à 50,

3 tatoués depuis 50 à 55,

3 — id. — depuis 55 à 60,

1 — id. — depuis 63.

Que les dessins sont partiellement effacés sur

1 homme tatoué depuis près de 45 ans,

1 — id. depuis près de 60 ans,

Parmi les tatoués avec de la poudre écrasée seule, j'ai trouvé les dessins apparents chez :

1 homme tatoué depuis environ 25 ans,

1 id. — depuis environ 35 ans,

5 id. — depuis 35 à 40 ans,

5 id. — depuis 40 à 45 ans,

12 id. — depuis 45 à 50 ans,

6 id. — depuis 50 à 55 ans,

9 id. — depuis 55 à 60 ans,

3 id. — depuis près de 65 ans.

Les dessins sont partiellement effacés chez :

1 homme tatoué depuis 29 ans,

2 hommes tatoués depuis 40 à 45 ans,

2 id. — depuis 45 à 50 ans,

2 id. — depuis 50 à 55 ans,

3 id. — depuis 55 à 60 ans.

Chez l'homme tatoué au bleu de blanchisseuse, le dessin est apparent après 40 années.

Les quatre tatouages à l'encre ordinaire seule sont apparents ;

1 date de 30 années,

2 datent d'environ 40 ans,

1 est fait depuis près de 60 ans.

Le tatouage au charbon écrasé seul est fait depuis 49 ans, et il est apparent.

Il en est de même de celui qui a été fait il y a 40 ans, avec un noir inconnu.

Chez les *cent-cinquante-trois* individus tatoués au vermillon et à l'encre de chine, les dessins sont apparents sur *cent-treize*, ainsi répartis :

1 tatoué depuis 4 ans,

3 tatoués depuis moins de 10 ans,

4 — id. — depuis 10 à 15 ans,

3 — id. — depuis 15 à 20 ,

4 — id. — depuis 20 à 25,

2 — id. — depuis 25 à 30,

8 — id. — depuis 30 à 35 ,

19 — id. — depuis 35 à 40,

24 — id. — depuis 40 à 45,

25 — id. — depuis 45 à 50,

14 — id. — depuis 50 à 55,

5 — id. — depuis 55 à 60,

1 — id. — depuis 62 ans.

Le rouge est partiellement effacé chez :

4 tatoués depuis 30 à 35 ans,

4 — id. — depuis 35 à 40,

7 — id. — depuis 40 à 45,

2 — id. — depuis 50 à 55,

2 — id. — depuis 55 à 60,

1 — id. — depuis 61 ans.

Le rouge est entièrement effacé chez :

11 hommes tatoués depuis 40 à 45 années,

2 — id. — depuis 45 à 50 années,

2 — id. — depuis 50 à 55 années,

1 — id. — depuis 60 années.

Le noir est entièrement effacé chez un homme tatoué depuis 58 ans.

Les deux couleurs sont partiellement effacées chez:

1 individu tatoué depuis 57 ans,

1 — id. — depuis 44,

1 — id. — depuis 49.

Parmi les *cent-vingt sept* invalides tatoués avec du vermillon et de la poudre écrasée, on trouve les dessins apparents chez 75, répartis comme il suit:

1 tatoué depuis 24 ans,

2 tatoués depuis environ 35 ans,

7 tatoués depuis 35 à 40 ans,

15 — id. — depuis 40 à 45 ans,

24 — id. — depuis 45 à 50 ans,

14 — id. — depuis 50 à 55 ans,

9 — id. — depuis 55 à 60 ans,

3 — id. — depuis 60 à 65 ans.

Le rouge est partiellement effacé chez 28, dont

1 est tatoué depuis 10 ans,

1 — id. — depuis 25 ans,

2 sont tatoués depuis 30 à 35 ans,

4 — id. — depuis 35 à 40 ans,

4 — id. — depuis 40 à 45 ans,

6 — id. — depuis 45 à 50 ans,

7 — id. — depuis 50 à 55 ans,

2 — id. — depuis près de 60 ans,

1 — id. — depuis 64 ans,

Le rouge est complètement effacé chez les 14 qui suivent:

3 tatoués depuis 35 à 40 ans,

6 id. depuis 40 à 45 ans,

3 id.   depuis 45 à 50 ans,

2 id.   depuis 55 à 60 ans,

Le noir seul est effacé chez 1 tatoué depuis près de 60 ans,

1 id.   depuis 64 ans.

Le rouge et le noir sont partiellement effacés chez :
5 tatoués depuis 45 à 50 ans,

2 id.   depuis 50 à 55 ans,

1 id.   depuis 59 ans.

Le tatouage au carmin et à l'encre de chine, fait il y a 40 ans, est apparent.

Il en est de même des deux tatouages au vermillon et au charbon écrasés, faits depuis 50 ans.

Ceux qui ont été pratiqués au vermillon et à l'encre à écrire donnent les résultats suivants :

4 sont apparents, dont 1 après 40 ans,

1 après 46 ans,

2 après 50 à 55,

Chez 2, dont 1 tatoué depuis 44 ans, et 1 depuis 50 ans, les dessins sont partiellement effacés.

Chez 1 tatoué depuis 49 ans, le rouge est entièrement effacé, mais le noir est apparent.

Les *cinq* tatouages au vermillon et au bleu de blanchisseuse donnent : 3 dessins apparents, dont un est fait depuis 36 ans, et deux sont faits depuis 40 à 45 ans.

Deux dessins faits il y a de 50 à 55 ans, sont partiellement effacés.

Parmi les *vingt-un* tatoués avec du vermillon et un noir inconnu, on trouve les dessins apparents chez 15, dont

1 tatoué depuis 10 ans,
1 id. — depuis 15 ,
4 tatoués depuis 35 à 40 ,
4 id. — depuis 40 à 45 ,
2 id. — depuis 45 à 50 ,
1 id. — depuis 52 ,
2 id. — depuis 60 à 65.

Les dessins ont disparu partiellement chez 4 hommes tatoués depuis 40 à 45 ans, et chez 2 tatoués depuis 50 à 55 ans.

Chez les *huit* tatoués avec un rouge et un noir également inconnus, on trouve les dessins :

Apparents, sur	{	1 tatoué depuis près de 35 ans,
		1 id. depuis 50 ans,
Partiellement effacés,	{	1 id. depuis 44 ans ,
sur		3 tatoués depuis 45 à 50 ans,
Le rouge entièrement	{	1 tatoué depuis 28 ans,
effacé, sur		1 id. depuis 50 ans,

En résumant tous ces chiffres, sans tenir compte du temps qui s'est écoulé depuis l'opération, on voit que les tatouages, faits avec une seule ou avec plusieurs couleurs, m'ont donné les résultats définitifs suivants:

Chez 342 hommes les tatouages sont entièrement ,
mais plus ou moins apparents :

Chez 117, ils sont effacés en partie :
Chez   47, ils ont totalement disparu.

D'ou il faut conclure que les traces du tatouage ne sont point indélébiles ; qu'il en est qui s'effacent, sans qu'il soit possible de leur assigner aucune limite de durée ; que leur disparition se trouve, selon toute probabilité, en rapport avec la profondeur des piqûres, la nature de la matière colorante employée, et les frottements plus ou moins rudes que les parties tatouées peuvent subir.

www.ingramcontent.com/pod-product-compliance
Lightning Source LLC
LaVergne TN
LVHW051338200726
843510LV00002B/690